Willkommen

Taylor Swift ist ein Superstar wie kein anderer. Sie ist die größte Songwriterin ihrer Generation und eine der aufregendsten Künstlerinnen der heutigen Musikindustrie. Von ihren Karriereanfängen als Teenie-Country-Sternchen bis hin zu der genreübergreifenden, weltweiten Sensation, die sie geworden ist, hat sich Taylors Karriere in den letzten zwei Jahrzehnten stetig weiterentwickelt. Sie ist unaufhaltsam!

Jetzt ist es an der Zeit, ihre bisherige erstaunliche Reise auf kreative Weise zu feiern! In diesem Buch kannst du deinen inneren Künstler entfesseln und dein Swiftie-Wissen testen. Es enthält 36 Illustrationen zu Taylor, die du mit Farben gestalten kannst, sowie eine Auswahl an lustigen Rätseln und Quizfragen, die es zu lösen gilt. *Are you ready for it?* Dann schnapp dir ein paar Farben und los gehts...

Inhalt

Ausmalen

Hake ab, was du ausgemalt hast!

7

9

13

15

19

21

25

27

31

33

37

39

Ein Star wird geboren

Taylor Alison Swift wurde am 13. Dezember 1989 in Pennsylvania geboren. Sie begann im Alter von 12 Jahren Gitarre zu spielen und Songs zu schreiben, in der Hoffnung, Country-Sängerin zu werden. Nach Jahren harter Arbeit und Hingabe bekam Taylor schließlich einen Plattenvertrag. Ihr selbstbetiteltes Debüt-Album wurde 2006 veröffentlicht.

Glücksgefühle

Manche Leute denken, die Zahl 13 bringe Unglück,
aber nicht für Taylor – es ist ihre Lieblingszahl!
„Ich wurde am 13. geboren. Ich wurde am Freitag,
dem 13. 13 Jahre alt. Mein erstes Album hatte
13 Wochen lang den Gold-Status ... Im Grunde
genommen ist jede 13, die in meinem Leben
auftaucht, eine gute Sache", erklärte sie.

13

Country-Wurzeln

Taylors frühe Alben enthielten viele Einflüsse
aus der Country-Musik, was als junger
Teenager ihr Lieblingsgenre war. Auf der Bühne
trug sie oft Cowboystiefel, um ihren Outfits
einen Country-Look zu verleihen.

Star-Spangled Banner

In den Jahren vor ihren großen Welttourneen hatte Taylor einige ihrer Auftritte bei Sportveranstaltungen, bei denen sie die Nationalhymne sang. Dies trug dazu bei, sie einem neuen Publikum außerhalb der Country-Musikszene vorzustellen.

Fearless

Taylors zweites Album, *Fearless,* war ein großer
Erfolg und machte sie berühmt. Die Leadsingle
„Love Story" wurde in vielen Ländern ein
Top-10-Hit.

Märchen

Auf ihrem zweiten Album verwendete Taylor häufig Themen wie Prinzen und Prinzessinnen, Romantik und Herzschmerz in ihren Texten und Auftritten. Die beliebte Single „Today Was a Fairytale" war später als Bonustrack auf dem neu aufgenommenen Album „Fearless (Taylor's Version)" enthalten.

Preisträgerin

Im Jahr 2010 gewann Taylor ihren ersten Grammy Award. Sie erhielt vier Trophäen, darunter das Album des Jahres für „Fearless". Zu dieser Zeit war sie die jüngste Gewinnerin dieses Preises in der Geschichte der Grammys.

Taylors Gitarren

Taylor hat im Laufe der Jahre viele verschiedene
Gitarren benutzt und spielt manchmal auch Banjo
oder Ukulele. Zu Beginn ihrer Karriere half ihr die
Tatsache, dass sie Gitarristin und Songschreiberin
war, sich von den anderen aufstrebenden
Country-Sängern abzuheben.

Allein schreiben

Nachdem sie bei ihren ersten beiden Alben mit Co-Autor:innen gearbeitet hatte, schrieb Taylor alle Songs für „Speak Now" selbst. Das Album thematisierte ihre Entwicklung vom Teenager zum Erwachsensein und verarbeitete vergangene Beziehungen.

Füge deine liebsten Taylor-Songtexte auf der Seite ein und verziere sie!

Teile die Liebe

Während der „Speak Now World Tour" machte
Taylor die Herz-Hand-Geste. „Das Herz-Hand-
Symbol bedeutet etwas zwischen „Ich liebe
dich" und „Danke euch"", erklärte sie, „es
ist eine süße, einfache Botschaft, die man
übermitteln kann, ohne ein Wort zu sagen."

Ringleader

Taylor trug ihr ikonisches, mit Pailletten besetztes Ringleader-Outfit bei der Aufführung von „We Are Never Ever Getting Back Together" während der „The Red Tour".

Der Schal

In der Ballade „All Too Well" singt Taylor über einen alten Schal, den ein Ex-Freund behielt, lange nachdem ihre Beziehung endete. Die Fans spekulieren schon seit Jahren über die Bedeutung des Schals und wer ihn hat, aber Taylor besteht darauf, dass es nur eine Metapher ist!

Action!

Taylor ist nicht nur eine sehr talentierte
Musikerin, sondern hat auch in mehreren
Filmen und Fernsehsendungen mitgewirkt.
Was ist dein Lieblingsauftritt von Taylor
vor der Kamera?

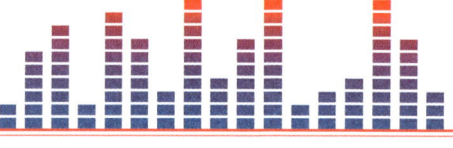

Musikalische Entwicklung

Taylors Musikstil entwickelt sich ständig weiter, deshalb ist es immer so spannend, herauszufinden, was sie als nächstes machen wird! Im Laufe der Jahre hat sie Musik in den Genres Country, Pop, Elektro, Synth-Pop, R&B, Indie-Folk und mehr gemacht!

Die 80er Jahre im Blick

Auf ihrem fünften Studioalbum, *1989,*
verarbeitete Taylor viele musikalische Stile
und Techniken aus dem Jahrzehnt, in dem sie
geboren wurde. In der Musik der Achtziger
gab es viele Synthesizer, Drumcomputer und
kreativen Gesang.

Swift-Style

So wie sich ihre Musik mit jedem Album
weiterentwickelt hat, so hat sich auch
Taylors Mode verändert. Von Cowboy-Stiefeln
und Ballkleidern bis hin zu Retro-Jacken,
gemütlichen Strickjacken, glitzernden
Jumpsuits und mehr – sie kommt nie aus
der Mode!

Ein neuer Look

Auf der Met Gala 2016 präsentierte Taylor einen neuen, gewagten Look. Ihre Haare waren gebleicht und ihr Make-up war eher Gothic, mit einem dunklen Lippenstift anstelle ihres üblichen Rottons. Die Veranstaltung stand in diesem Jahr unter dem Motto „Mode im Technologiezeitalter" – wie wirst du Taylors futuristisches Kleid ausmalen?

Karyn die Schlange

Während der „Reputation Stadium Tour" war
Taylors Bühne mit vielen Schlangen dekoriert,
darunter eine riesige bewegliche Kobra
namens Karyn.

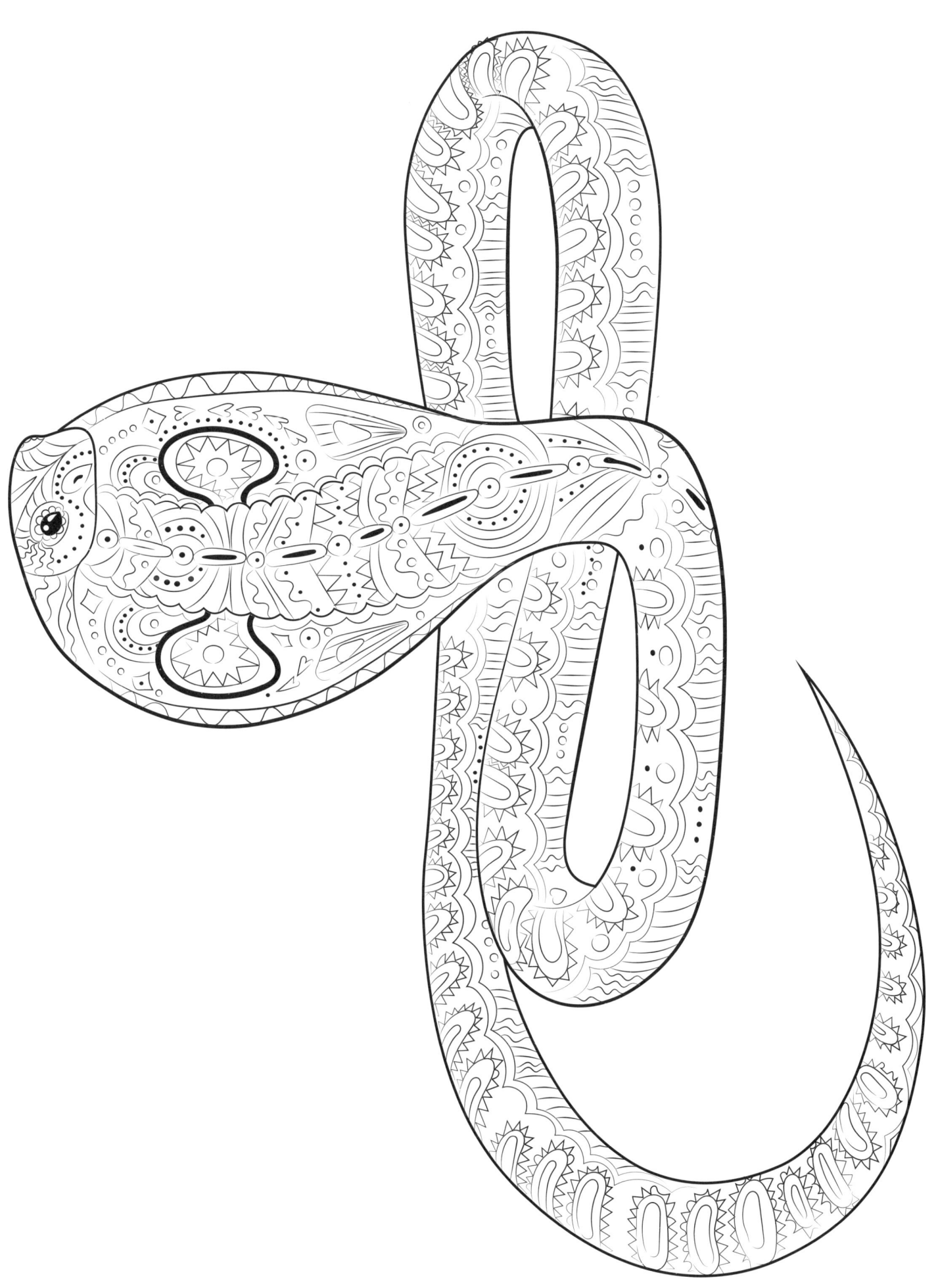

Zurückgeben

Taylor hat im Laufe ihrer Karriere viele verschiedene Wohltätigkeitsorganisationen unterstützt. Sie hat auch den Ruf, dass sie Fans und Organisationen in Not hilft.

Rekordbrecherin

In ihrer bisherigen Karriere hat Taylor wiederholt Rekorde für eine Vielzahl von erstaunlichen Leistungen gebrochen, wie Award-Gewinne, Albumverkäufe, Streaming-Zahlen und Chart-Erfolge.

Perfekte Haustiere

Taylor liebt Katzen! Sie hat zwei Scottish
Fold adoptiert – Olivia Benson und Meredith
Grey, benannt nach ihren Lieblingsfiguren
aus Fernsehserien – und eine Ragdoll
namens Benjamin Button, benannt nach der
literarischen Figur.

Repu-Tay-tion

Taylors sechstes Album, „Reputation",
war ihr bisher persönlichstes Album. Es
verarbeitete ihre Erfahrungen mit Ruhm und
dem Druck des Lebens in der Öffentlichkeit,
aber auch wie sie sich verliebt hat inmitten
des Chaos.

Aktivismus

In den letzten Jahren hat Taylor ihre Berühmtheit genutzt, um das Bewusstsein auf verschiedene soziale und politische Themen zu lenken. „Ich hatte das Gefühl, dass ich mich zu Wort melden musste, um etwas zu ändern", erklärte sie.

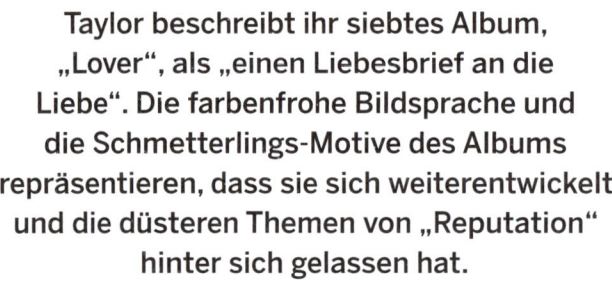

Ihre Flügel
ausbreiten

Taylor beschreibt ihr siebtes Album,
„Lover", als „einen Liebesbrief an die
Liebe". Die farbenfrohe Bildsprache und
die Schmetterlings-Motive des Albums
repräsentieren, dass sie sich weiterentwickelt
und die düsteren Themen von „Reputation"
hinter sich gelassen hat.

Einen Standpunkt einnehmen

Als die Master-Kopien von Taylors ersten sechs Alben gegen ihren Willen verkauft wurden, beschloss sie zu handeln. Sie hat die Alben neu aufgenommen, von „Taylor Swift" bis „Reputation", und die neue Editionen „taylor's version" veröffentlicht, an denen sie die Rechte besitzt.

Frau des Jahrzehnts

Im Jahr 2019 wurde Taylor als erste Frau überhaupt mit dem „Billboard's Woman of the Decade Award" ausgezeichnet. Sie erhielt den Titel als Anerkennung für ihre unglaublichen musikalischen Errungenschaften sowie ihre Wohltätigkeit und ihr Engagement.

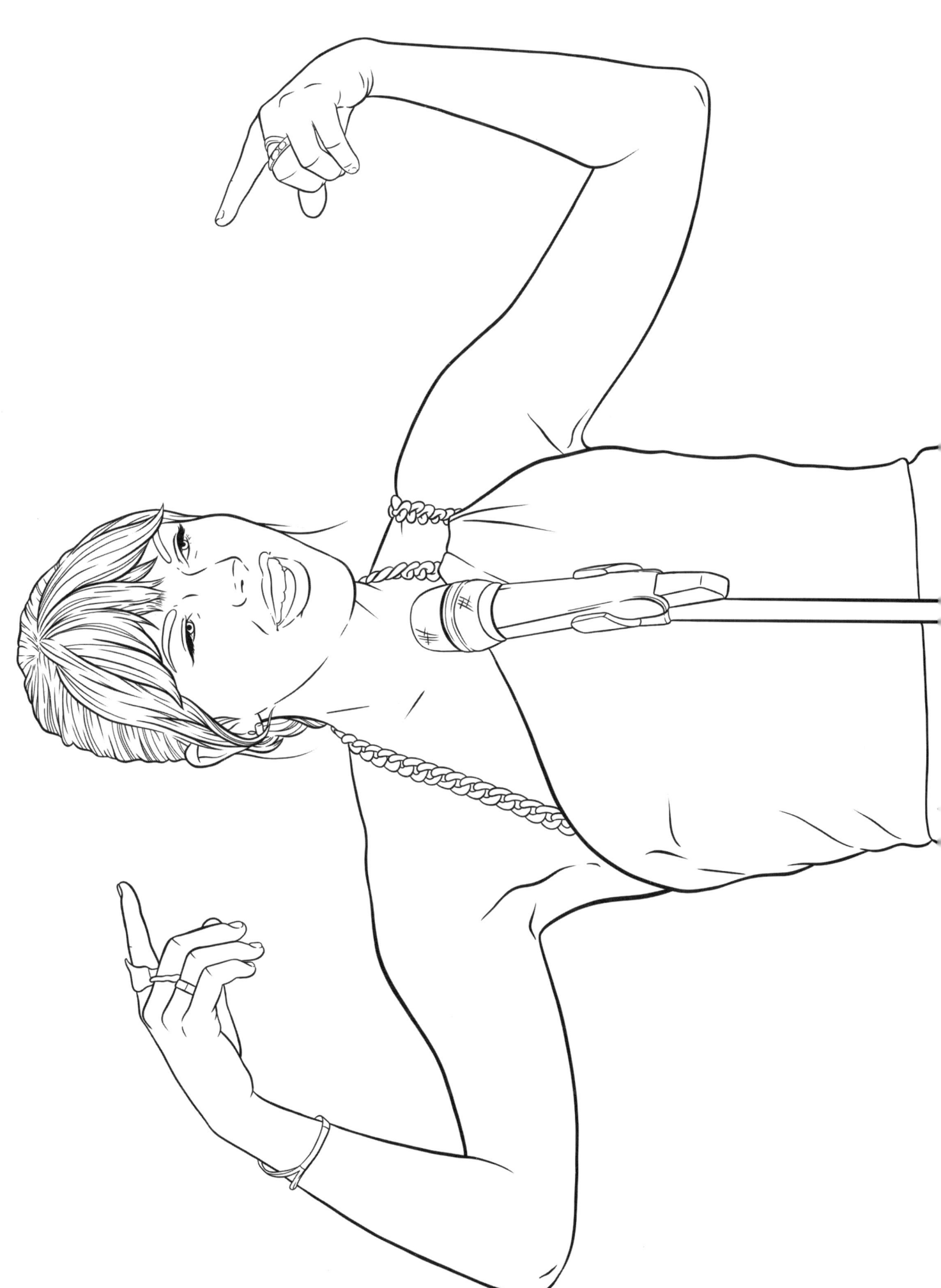

Folklore

Im Juli 2020 erfreute Taylor ihre Fans mit der
Ankündigung eines Überraschungsalbums –
folklore. Es war eine Indie-Folk-Platte voller
wehmütiger Geschichten, inspiriert von dem
Bedürfnis nach Eskapismus während des
Covid-19-Lockdowns.

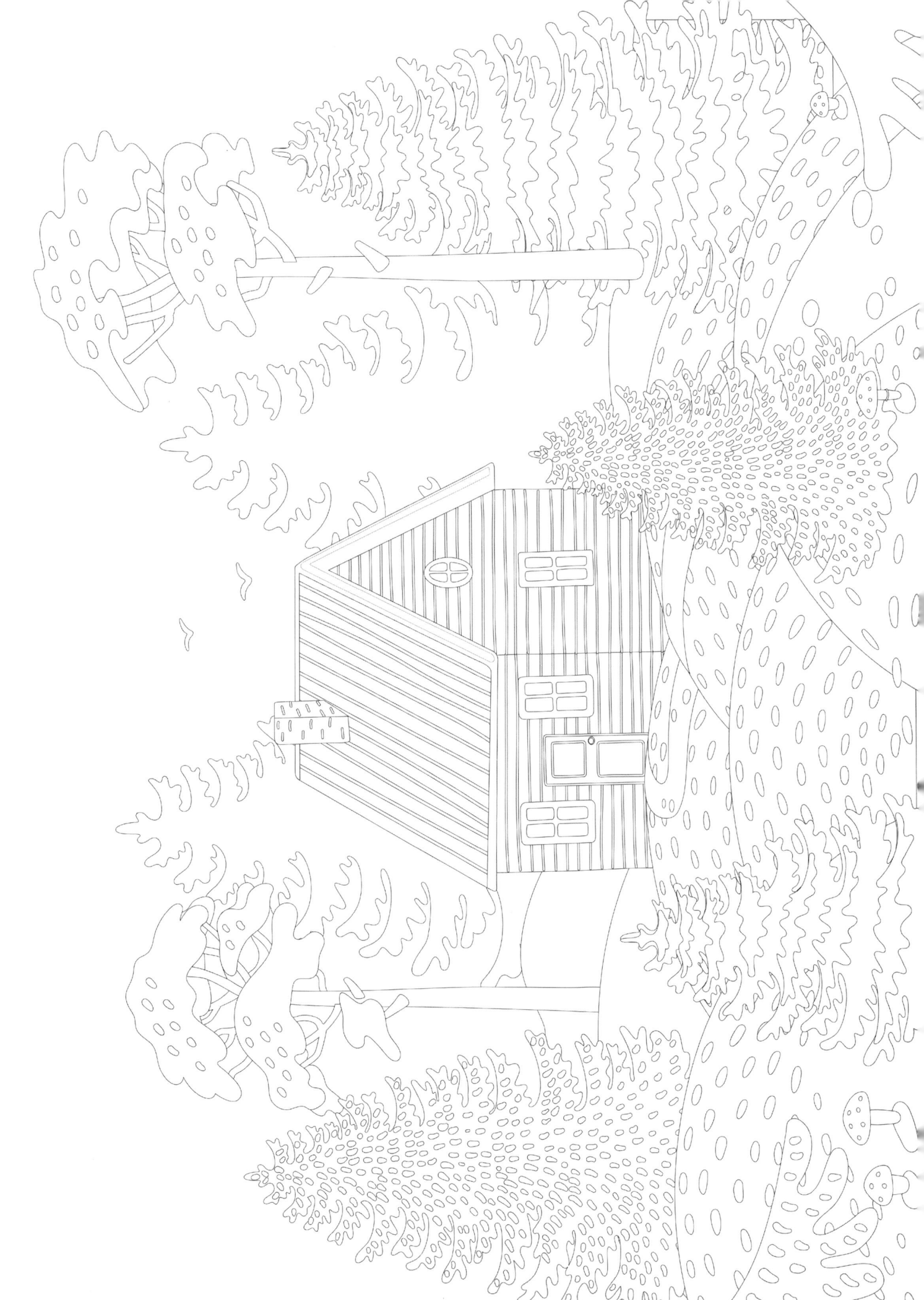

Geburtstags-
überraschung!

Während eines Konzerts an ihrem
30. Geburtstag wurde Taylor auf der Bühne
mit einer riesigen Torte überrascht – natürlich
dekoriert mit Bildern ihrer Katzen!

Tyler Swift

Das Musikvideo zu „The Man" konzentriert sich auf den Charakter von Tyler Swift – Taylors männlichem Alter Ego – und thematisiert Sexismus und die Doppelmoral mit der Frauen konfrontiert sind. Am Ende des Videos wird deutlich, dass Tyler in Wirklichkeit von Taylor selbst gespielt wird, und zwar mit einer Menge cleverer Prothesen und Make-up!

Indie-Schwestern

Im Dezember 2020 veröffentlichte Taylor ein
weiteres Überraschungsalbum, *evermore,*
nur zwei Monate nach *folklore.* Es war eine
Fortsetzung ihres neuen Indie-Sounds – Taylor
beschreibt sie als „Schwesteralben".

Flower Power

Bei der Grammy-Verleihung im Jahr 2021 trug Taylor ein wunderschönes Kleid, das mit Blumen bedeckt war. Da die Covid-19 Pandemie im Gange war, trug sie auch eine passende Gesichtsmaske – wer sagt, dass man nicht sicher und stylish sein kann?

Promotion!

Im Mai 2022 erhielt Taylor einen
Ehrendoktortitel der New York University.
Sie besuchte die Absolventenfeier und hielt
eine inspirierende Rede vor den Studenten.

Schlaflose Nächte

Taylor sagte, ihr zehntes Album, *Midnights,*
sei „eine Sammlung von Musik, die
Mitten in der Nacht geschrieben wurde".
Die Elektro-Pop-Platte ist eine ihrer
persönlichsten, sie thematisiert Taylors
Ängste und Unsicherheiten.

Super Songwriter

Taylors clevere Texte und ihre Fähigkeit,
Geschichten zu erzählen, sind das, was ihre
Musik so einzigartig und faszinierend macht.
Ihre Fähigkeiten als Songwriterin brachten ihr
sogar den „Songwriter-Artist of the Decade
Award" im Jahr 2022 ein.

Grammy-Glamour

Im Jahr 2023 gewann Taylor den Grammy
Award für das beste Musikvideo für „All
Too Well: The Short Film", den sie selbst
geschrieben und gedreht hat. Er basierte
auf der epischen zehnminütigen erweiterten
Version des Songs aus „Red (Taylors Version)".

Die Eras Tour

Taylors lang erwartete Tour 2023 ist eine
Feier all ihrer verschiedenen Musikstile, die
sie im Laufe ihrer Karriere gespielt hat. Die
spektakuläre Show ist über drei Stunden lang
mit 44 Songs aus allen ihren Alben.

Buchempfehlungen für dich

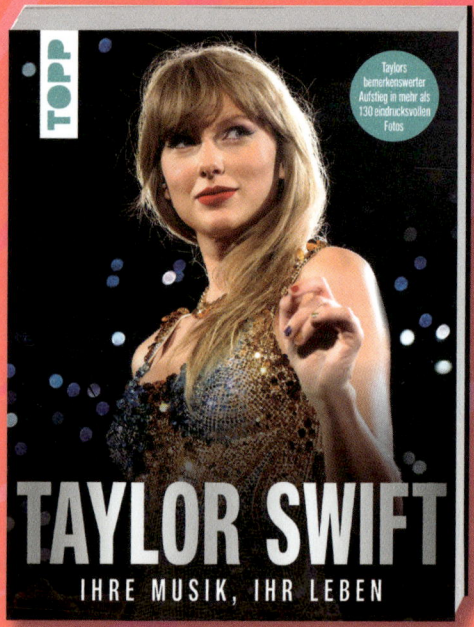

ISBN 978-3-7358-5233-5

ISBN 978-3-7358-5297-7

ISBN 978-3-7358-7114-5

EAN 4007742184896

Viele weitere Kreativ-Bücher findest du auf www.TOPP-kreativ.de

Aktivitäten

Wortsuche

Quizze

Hake die ab, die du geschafft hast!

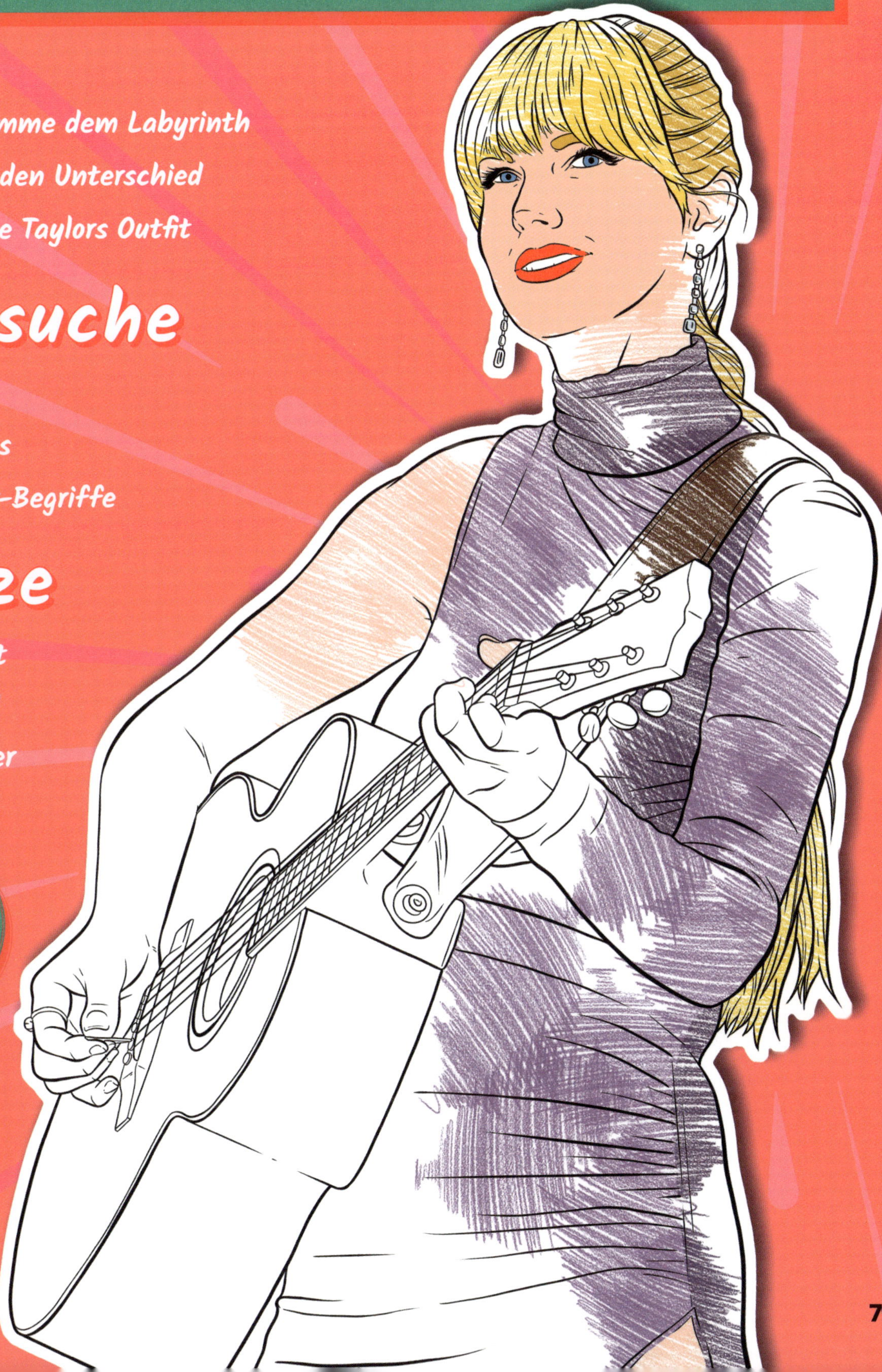

Labyrinth

Taylor hat ihre Katzen verloren! Hilf ihr durch das Labyrinth zu navigieren, um sie zu finden.

Finde die Unterschiede

Kannst du die FüNF Unterschiede auf dem rechten Bild finden?

Für Taylor gemacht

Designe ein neues Kleid für Taylors nächstes Event.

Wortsuche

Kannst du die neun Studioalbum-Titel
im Puzzle finden?

```
Y  Z  Q  D  M  A  D  F  Z  P  Y  B  F  T  L
Y  G  P  W  A  R  M  I  S  A  N  V  C  F  R
P  V  K  C  P  F  X  M  M  I  L  G  W  I  R
K  R  A  C  E  R  O  M  R  E  V  E  F  W  R
Y  A  Z  M  I  D  N  I  G  H  T  S  O  S  E
P  Z  S  J  L  J  G  C  P  F  S  L  L  R  P
T  O  Y  Q  J  I  R  X  H  E  P  J  K  O  U
W  W  W  U  Z  P  D  E  R  A  T  N  L  L  T
L  F  O  H  A  O  K  D  R  R  Y  L  O  Y  A
Y  A  L  N  D  C  V  Q  Z  L  B  E  R  A  T
C  J  C  R  K  K  A  L  S  E  J  C  E  T  I
P  H  W  S  E  A  J  N  E  S  B  X  Z  Q  O
C  K  E  L  O  V  E  R  E  S  D  H  B  K  N
V  Y  E  V  A  Y  S  P  F  K  B  T  J  F  P
W  J  G  B  V  M  T  F  S  E  C  R  K  P  S
```

Finde diese Wörter...

TAYLORSWIFT	RED	FOLKLORE
FEARLESS	REPUTATION	EVERMORE
SPEAKNOW	LOVER	MIDNIGHTS

Wortsuche

Finde die Namen von Taylors Singles,
die im Wortgewirr versteckt sind...

```
I  F  P  W  Y  V  S  P  W  T  W  R  R  N  M
T  E  F  N  O  B  J  R  S  T  Y  D  E  A  B
L  W  E  O  B  B  J  T  J  Z  Q  F  D  A  V
L  T  O  E  T  N  Z  C  E  X  J  F  S  Q  X
E  N  H  L  V  I  T  O  R  E  H  I  T  N  A
W  N  A  E  L  C  E  M  P  U  W  Y  E  L  L
O  K  B  G  M  I  W  K  Z  J  Q  U  O  K  D
O  Y  C  V  I  A  W  Z  A  G  T  V  M  R  R
T  X  U  J  Y  D  N  R  G  H  E  T  I  B  O
L  V  Q  T  Z  C  R  D  R  S  S  U  N  M  U
L  X  G  R  O  S  G  A  T  C  R  O  E  F  R
A  O  H  F  J  K  V  O  C  D  K  Z  F  W  T
T  M  I  C  T  I  R  O  F  Y  D  A  E  R  G
W  B  U  D  M  Y  U  F  G  R  I  U  O  G  H
W  W  A  R  G  C  M  M  I  T  H  J  O  L  Y
```

Finde diese Wörter...

MINE	TIMMCGRAW	READYFORIT	WILLOW
RED	LOVESTORY	THEMAN	ALLTOOWELL
SHAKEITOFF	CARDIGAN	ANTIHERO	

Wortsuche

Kannst du alle Taylor-Begriffe,
die unten versteckt sind, finden?

```
Y T V J N U M O D B S X Z X M
O S A P D Q N I M A J N E B E
L A T Y K E W G K Q H I P Q A
I R D Z L Q I R R T X O Q P O
V E X T B O C R J Y Z R E F E
I T L H A X R B U J M D J E C
A S S I O H W S I P R H O I O
H Y F R B N Y H V I J J L T B
T N Y T B O N U Y E R Y K F E
I H B E Q C T P Z G R U E I D
D T X E D I S U A I G S T W L
E I A N I S K F C F J L I S G
R B A N N V L S Z F N L R O U
E A U R G G E R E T S A E N N
M R E D X S S T Q B F R X T G
```

Finde diese Wörter...

TAYLORSVERSION	THIRTEEN	ICON	BENJAMIN
EASTEREGG	LYRICS	OLIVIA	
ERAS	SWIFTIE	MEREDITH	

1. **Was ist Taylors zweiter Vorname?**
   - ☐ Alison
   - ☐ Betty
   - ☐ Marjorie
   - ☐ Dorothea

2. **Was ist der Titel ihres Debütalbums?**

   _____

3. **In welchem Jahr wurde sie geboren?**

   _____

4. **Vervollständige die Lyriks:**
   "It's a love story, baby,

   _____ "

5. **Was ist Taylors Lieblingszahl?**

   _____

6. **Welches ihrer Alben wurde als erstes als „taylor's version"aufgenommen?**

   _____

7. **Welches dieser Instrumente spielt Taylor?**
   - ☐ Gitarre
   - ☐ Klavier
   - ☐ Banjo
   - ☐ Alle obenstehenden

8. **Was ist der Name der Tour im Jahr 2023?**

   _____

9. **In welchen US-Bundesstaat zog Taylor als Teenager, um an ihrer Musikkarriere zu arbeiten?**

   _____

10. **Taylor hat während ihrer Karriere über 500 Preise gewonnen.**
    - ☐ Richtig   ☐ Falsch

Taylor Swift

Quiz

Mittel

1. Welches von Taylors zehn Studioalben fehlt in der Wortsuche auf Seite 83?

_____

2. Wie alt war Taylor, als ihre erste Single veröffentlicht wurde?

_____

3. Welche drei Songs des Albums *folklore* behandelt eine Dreiecksbeziehung aus der Sicht jeder der drei Personen?

_____

_____

_____

4. Wie groß ist Taylor?

_____

5. Wer spricht die Stimme von Taylors männlichem alter Ego „*Tyler Swift*" in dem Musikvideo zu „*The Man*"?

_____

6. Welcher Rapper unterbrach Taylors Dankesrede bei den VMAs im Jahr 2009?

_____

7. Vervollständige die Lyriks: „*You call me up again just to*

_____

_____ "

8. Was sind die Namen von Taylors drei Katzen?

_____

_____

_____

9. Wie lautet der Titel von Taylors autobiografischem Dokumentarfilm, der 2020 veröffentlicht wurde?

_____

10. Nach Taylor wurde eine Tierart benannt.

☐ Richtig   ☐ Falsch

Quiz
Schwierig

1. Was war Taylors erste Nummer-Eins-Single in den Billboard Hot 100 Charts?

_____

2. Im Jahr 2019 brach Taylor den Guinness-Weltrekord (zuvor von Michael Jackson gehalten) für den Gewinn der meisten Auszeichnungen welches Awards?

_____

3. Nach welchem Sänger wurde Taylor benannt?

_____

4. Vervollständige die Lyriks: „*Did you hear my covert narcissism,*

_____ "

5. Welches schwedische Pseudonym (falscher Name) hat Taylor zuvor als Songwriterin benutzt?

_____

6. Joe Alwyn war Co-Autor unter falschem Namen bei *folklore* und *evermore*, welcher war es?

_____

7. Mit wem sang Taylor ein Duett im Song „*The Last Time*"?

_____

8. Im Jahr 2021 schrieb und führte Taylor Regie im Kurzfilm „*All Too Well*" basierend auf ihrem Song mit dem gleichen Namen. Welche Schauspieler spielten die zwei Hauptrollen?

_____

9. Was war der Name des wettbewerbsgewinnenden Gedichts, das die zehnjährige Taylor geschrieben hat?

☐ Pen in My Hand
☐ Monster in My Closet
☐ Pebble in My Shoe
☐ Gum in My Hair

10. Wen hört man ganz zu Beginn von „*Gorgeous*"?

_____

Antworten

Labyrinth

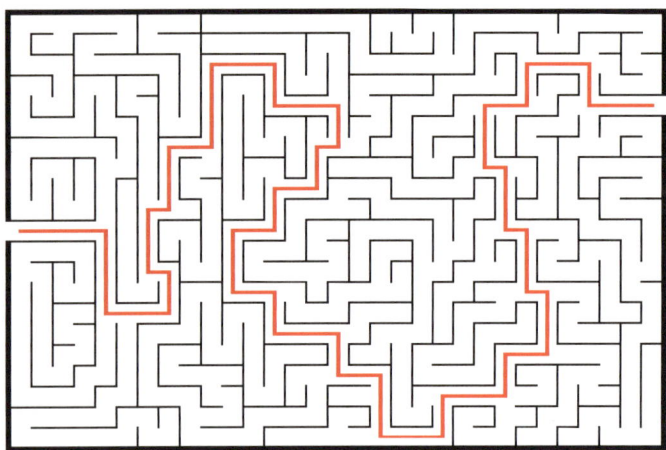

Finde die Unterschiede

Wortsuchen

Alben

```
Y Z Q D M A D F Z P Y B F T L
Y G P W A R M I S A N V C F R
P V K C P F X M M I L G W I R
K R A C E R O M R E V E F W R
Y A Z M I D N I G H T S O S R
P Z S J L J G C P F S L L R P
T O Y Q J I R X H E P J K O U
W W W U Z P D E R A T N L L T
L F O H A O K D R R Y L O Y A
Y A L N D C V Q Z L B E E R T
C J C R K K A L S E J C E C I
P H W S E A J N E S B X Z Q O
C K E L O V E R E S D H B K N
V Y E V A Y S P F K B T J F P
W J G B V M T F S E C R K P S
```

Singles

```
I F P W Y V S P W T W R R N M
T E F N O B J R S T Y D E A B
L W E O B B J T J Z Q F D A V
L T O E T N Z C E X J F S Q X
E N H L V I T O R E H I T N A
W N A E L C E M P U W Y E L L
O K B G M I W K Z J Q U O K D
O Y C V I A W Z A G T V M R R
T X U J Y D N R G H E T I B O
L V Q T Z C R D R S S U N E U
A L X G R O S G A T C R O E F
A O H F J K V O C D K Z F W T
T M I C T I R O F Y D A E R G
W B U D M Y U F G R I U O G H
W A R G C M M I T H J O L Y
```

Taylor-Begriffe

```
Y T V J N U M O D B S X Z X M
O S A P D Q N I M A J N E B E
L A T Y K E W G K Q H I P Q A
I R D Z L Q I R R T X O Q P O
V E X T B O C R J Y Z R E F E
I T L H A X R B U J M D J E C
A I O H W S I P R H O I T O B
H Y F R B N Y H V I J J L F E
T N Y T B O N U Y E R Y K I D
I H B E Q C T P Z G R U E I L
D T X E D I S U A I G S T W L
E I A N I S K F C F J L I S G
E A N B A N V L S Z F N L R O U
R E A U R G G E R E T S A E N N
M R E D X S S T Q B F R X T G
```

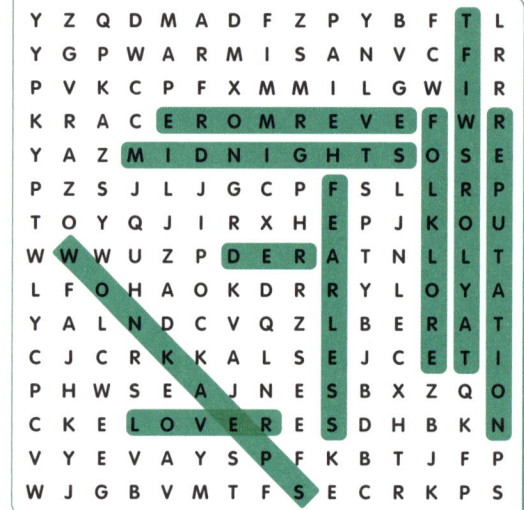

Quizze

Leicht

1. Alison
2. *Taylor Swift*
3. 1989
4. „Just say yes", aus „Love Story"
5. 13
6. *Fearless*
7. Alle oben genannten
8. The Eras Tour
9. Tennessee
10. richtig

Medium

1. 1989
2. 16
3. „cardigan", „august" und „betty"
4. ca. 1,78 m
5. Dwayne Johnson
6. Kanye West
7. „Break me like a promise" aus „All Too Well"
8. Meredith Grey, Olivia Benson und Benjamin Button
9. *Miss Americana*
10. Richtig – ein Tausendfüßler namens „Nannaria swiftae".

Hard

1. „We Are Never Ever Getting Back Together"
2. American Music Award (AMA)
3. James Taylor
4. „I disguise as altruism" aus „Anti-Hero"
5. Nils Sjöberg
6. William Bowery
7. Gary Lightbody
8. Sadie Sink & Dylan O'Brien
9. Monster in My Closet
10. James Reynolds – die Tochter von Blake Lively & Ryan Reynolds